ESTE OTRO DILEMA

●

Colección
Seguro azar
(poesía)
XVIII

© de esta edición: **EDA libros**
c/ Pinsapo 15, Local 11
29639 Benalmádena Pueblo, Málaga
teléfono: 952 448 420
email: edalibros@edalibros.com

I.S.B.N.: 978-84-92821-28-0
Depósito legal: MA-2049-2024

Ignacio Díaz Leiva

Este otro dilema

•

Benalmádena, Málaga, 2024

Esto ocurrió

Enfrentarnos a la lectura de un poema exige un esfuerzo fuera de lo común. De un lado, hemos de abandonarnos a su lenguaje, al discurrir de su particular lenguaje dentro de ese objeto verbal que todo poema es, y de otro, hemos de poner pie en pared para que el discurso lógico de la lengua usual no nos devore, pues hemos de conseguir olvidarlo, relegarlo hasta el olvido total para cuidarnos de que no nos destruya con su significado lleno de obviedades. Y eso sucede con una mayor fuerza en la poesía de nuestra modernidad, en aquella que desde hace más de un siglo nos acompaña.

Escribí:

> La palabra poética surge desde el ámbito del sacrificio; como ofrenda, rodeada de fuego, se clava a sí misma el aguijón de su fertilidad y se fecunda en un reto de ambigüedad e incerteza. Es como si en sí contuviera los dos sexos y, caracol eterno, en sí portara su capacidad de admirar y ser admirada, por sus infinitos significados, por su polisemia celeste vertida ya en un cosmos de sentidos,

paralelismo o caminos no hollados por vocablo alguno. La palabra poética convive primero consigo misma y sólo una vez triunfante en su singularidad se nos aparece junto a las demás palabras para reflejar los sentires nuevos que alumbran tan radical unión.

Esto escribí hace más de treinta años y así ocurrió para mí desde entonces, por lo que no ceso de preguntarme si cuando la palabra se transforma en poesía se alberga en ella la verdad del lenguaje.

No conozco al autor. No sé quién es Nacho Díaz, ni cómo es o qué edad tiene, tan sólo conozco su palabra, pero no su hablar de diario, sus palabras cotidianas, sino esas pocas palabras que surgen cuando se acerca al lenguaje de los dioses. Olvida entonces una cierta idea de la gramática, de la expresión lógica y se deja llevar por lo que, arrebatadamente, le han enseñado a decir los pájaros, en su misterioso y paradisiaco lenguaje primigenio.

Hacía tiempo que no leía un poemario que fuera capaz de desprenderse tan acertadamente de la huera capa de los significados inservibles, esos que van recortando las alas de las palabras y que las convierten en triste y limitados instrumentos del poder, de la utilidad e incluso del amor cuando no es el auténtico. Lector, olvida tu discurso sujeto a tantas reglas, a tantos saberes falsos e inútiles, a tantos —por atractivos que a veces nos resulten— *decires del poder*. Déjate llevar por esta oda a una diosa que desconocías: Marta Salina. Lee el poema pues él ocurrió.

Ese gran poeta que fue capaz de adentrarse en el silencio con las palabras, José Ángel Valente, en memorable texto y en tanto hablaba de la palabra poética, escribió: "Palabra, pues, del límite, del borde o de la inminencia la palabra poética no es propiamente el lugar de un decir, sino de un aparecer".

Ya te lo dije, lector, olvida el discurso del lenguaje usual, atrévete a saltar por encima de lo que dice, o mejor, de lo que parece decir y queda atento a lo que hace aparecer pues en los intersticios del fulgor de la palabra encendida está ella, la palabra poética que nos alumbra si tenemos la valentía de hacerla nuestra.

Así ocurre, así le ocurrió a nuestro poeta que invocaba a esa diosa tan desconocida y ya, tras la lectura, tan nuestra.

¿Porta el fuego en su mano? ¿Nos lo ofrece, aunque sólo sea como una fugaz dación al hombre que, admirado, la contempla? No en su imagen, sino en su evocación más allá de la materia; en ese cuerpo ya celeste que emana de las palabras virginales del poema.

Comienza George Steiner su imprescindible obra titulada *Después de Babel* con un texto clarividente de Martin Heidegger, tomado de la obra titulada *Poéticamente habita el hombre la tierra* y que dice así:

> El hombre actúa como si fuera el creador y el dueño del lenguaje, cuando es este su señor. Cuando esta relación de dominio es invertida, el hombre sucumbe a extrañas coacciones. El lenguaje entonces se vuelve un medio de expresión. Cuando es expresión, el lenguaje puede degenerar en mera impresión (mera impresión en el sentido tipográfico). Aun cuando el uso del lenguaje no sea más que este, es bueno que uno sea cuidadoso con la propia habla. Pero esto sólo no puede sacarnos de la inversión, de la confusión sobre la verdadera relación de dominio entre el lenguaje y el hombre. Pues de hecho es el lenguaje el que habla. El hombre empieza a hablar y sólo habla en la medida en que responde al lenguaje y se corresponde con él, y sólo en cuanto oye al lenguaje dirigirse hacia él, con-

currir con él. El lenguaje es el más alto y en cualquier lugar el más importante de esos asentimientos que nosotros, seres humanos, nunca podremos articular únicamente a partir de nuestros propios medios.[1]

¡Que difícil es, como autor e incluso como lector, entregarnos al lenguaje con olvido de nuestro propio decir, dejarnos llevar por su imperio y sumergirnos en el anonadamiento de nuestro yo! A veces, sólo a veces, la poesía nos lleva de la mano a ese no decir nuestro, para conducirnos a la transparente región en la que las palabras se disuelven en el milagro del habla que se torna en silencio.

Este otro dilema titula Nacho Díaz a su poemario, a unos versos que han encontrado la dicha de decir:

> La palabra se tumba tranquila
> en el jardín
> antiguo,
> anuncia el fin del tiempo;
> tú, y detrás la casa noble.

¿Puede la poesía llevarnos al grado cero de la escritura? Algo así escribió Roland Barthes que ocurría en la poesía moderna, ese lugar grávido de todas las especificaciones pasadas y futuras.

La lectura del dilema al que nuestro autor nos conduce me ha reconciliado, de nuevo, con la palabra poética; aquella que nos alumbra cuando los dioses hablan.

José Manuel Cabra de Luna

1.- La traducción del texto de Heidegger es de Adolfo Castañón.

ESTE OTRO DILEMA

•

El verano se atiene así a su contrato
B. Bunting

I

NAVEGACIÓN A MARTA SALINA

⚡

you strike my side by accident.

Esto ocurrió,
como racimo de genitales muertos,
como sábana seca de la primera vez,
como voces de túnel que confunden
los ecos de palabras sin sentido.
Yo conocí a una Marta de veinticuatro años:
atraviesa su aliento el accidente
que le hiere el destino.
Un océano antiguo con mis dudas
gira despacio, no hay norte ni virgen,
hay algo de esta historia que sube por calles de plomo.
En Venus duermen los condecorados
mientras la Tierra no contesta los mensajes.
El sindicato de guapos del mundo
decide con quién bailan las estrellas;
los satélites sueñan con ser Marta Salina,
Marta Salina con la curva alta
imán del batallón de los muchachos.
No hubo término medio de fortuna,

escribe recto el tiempo.
Decidiste subir, Marta,
a disfrutar del miedo en cada instante.
Las titas encantadas del negocio,
fiesta para lucir la condición;
un joven dios con ojos de metal
—alto—
la suerte de tener clase desde primero.
Construidos con vientos transparentes del Sur
se reconocen los iguales.

Antes de la visita de la quiebra
vivía con mi madre y con un perro,
el nerviosismo moteado de mi perro;
Ella soplaba un viento limpio
en el motor del coche de pedales
con el número tres.
Y aprendí a no ganar.
Sudó ebria, jeringa de torpeza,
se rompe sin querer el cristal de nieve;
no fue el dolor —lo conocía—
sólo perdí las tardes que tapaban
la vergüenza de no ser como ellos.
Queda la voz que aún me cubre.
Tuvimos que marchar de casa,
Golfo,
no paraba, lo dimos,
y otra Ella —mujer fuerte y segura—
no quiso contestar más golpes en su vida.
Cada tarde desde 1941, pasada la media tarde,
sentada en el balcón
tomaba en una taza de metal de color rojo

café negro y claro con pan un poco duro;
mejor que arrastrar células por fango transparente.
No sabía leer, pero sabía contar,
hablaba con su Dios, y a veces sola.
Sé que tengo sus ojos y también su valor.
Doce años de motes.
Una mañana de pedernal
un buen hombre mandó una redacción
y yo conté que había visto un río,
puente de piedra y plantas en la orilla;
sonriendo, me dijo que la leyera en pie.
La ausencia vertical no dejó sombra,
calentaba los días el sol-cénit;
la ausencia vertical –ahora presente–
crece y pide lo suyo.

Ciego de luz vestida de pestañas,
lunas de cristal verde que imagino
cerrarse de placer,
sigo habitante de tus valles, Marta,
de tus valles de carne tallados a mano;
dispones la melena como un sable
que apunta sin medir.
Nunca te decidiste, calculabas
distancias con la boca,
alguna noche con los brazos;
me reñías con ángel: "eres el más paciente".
No renuncié a perder, será que tengo
facilidad, mis retiradas son
tristes, pero no oscuras,
húmedas de saliva y sin ninguna lágrima.

Es el dibujo, Marta,
te dice el profesor de Historia de la Arquitectura;
andas buscando patios
que tengan escaleras de azulejo,
recoges fotos por el río;
en rojo trazas cuerpos de mujer,
curvas de tulipán, desnudos.
El futuro no tiene planos.
Confirmo que nací lejos de casa
y lejos de mi sangre;
carreras salpicando agua y arena,
nunca usamos toalla, piel de espejo y estaño.
Qué sencillo parece despedirse del mar.
Elegí tarde mis maestros,
quise saber por qué los sauces guardan
los secretos que huyen de las calles;
tanta belleza que se ordena inmóvil.
Todo cambió una mañana de verano:
subí a un planeador, el Grob CS-77;
con el viento de cola cruzamos Isla de If,
los buitres son amigos cuando hacemos las térmicas;
tengo cinco mil horas en vuelo de combate,
nada valen al lado de mi avión
con asiento forrado en tela vaquera.

Tú quisiste probar la diferencia
con un tipo de uno setenta y dos,
puro deseo.
Compramos una playa en El Castillo.
Sentados en la playa
decías al Sol del oeste: "quédate",
pasaron las gaviotas protestando:

—dejadlo, el Sol está mayor.
Muy serio, tomó un rayo de madera
y dibujó en la nube un tigre blanco,
y nos regaló botellas de colores;
tantos besos fundieron el vino con el aire,
gastamos litros de espuma,
la vieja borrachera de miradas.
Al calor blanco de septiembre,
Marta,
dictaste leyes para el reino,
tan amable, tan loco, desarmado.

Ese chico –tan alto– no quería
disimular más el final del verano;
no viviré en otra Marta,
le dices,
por favor, y hoy no corras.
Animal con embrague que se enfada
–un regalo de ciento veinticinco–
sin mirar el semáforo;
chirría seco el suelo y él se queda,
no pasará la vida,
largo, largo el segundo, sólo aire
hasta pegarse al hierro los sentidos;
negro el metal que recoge tu cuerpo y que lo rompe.
Atraviesa tu aliento el accidente
que te hiere la cara.
Las piernas ya inservibles,
quizás una,
dijeron.
Marta, no volverás a estar de pie,
la boca diagonal,

mano cerrada, y un brazo sin arco;
como los girasoles que buscan en la noche
distraídos con las estrellas
sólo eres tu mitad
veinticuatro años después de nacer.

Las canciones escritas por un loco
saludan al *dios de la lluvia*,
tu habitación es un teatro pacífico,
tus brazos de marfil dorado bailan,
son cadenas pulidas, son alondras
que giran si te sigo cuando vuelan.

El chico alto ayer se despidió
de lejos.
Tú llegas de enseñar el cuerpo roto,
desobediente –no es un río–, malva aún.
–¿Se ha ido?
–Tenía prisa.
Te costó alcanzar el regalo,
con dos dedos cayó al cesto de papeles;
el medio labio oblicuo no contesta.
Olvidado el placer, para siempre.
Ya lo sabías antes de quebrarte.

Voy a subir de nuevo al año ochenta y siete.
Conozco bien la cápsula,
es igual que el Apolo
que vi en el Museo de Ciencia de Londres,
sólo meter la cabeza dentro asustaba tanto que
un comisario quiso probar a sentarse,
cerraron, y al salir dimitió.

Vestido con una camisa larga que no abrocha
anda predicando un mundo sin puertas
y sin cristal en las ventanas.
La distancia que hay entre mi puesto
y la pared
enloquecería a un buzo.
Al temblor de potencia de motores
yo alzo la barbilla sonriendo,
en la cuenta atrás los porcentajes de éxito
desaparecen.

La boda es la boda de él y a ti te traen
un fantástico ramo rebosante de excusas.
Las hay azules,
amarillas, de mucho interés,
rojas, de cobardía;
flores atadas con la cinta áspera:
"no podemos faltar".
Tan alto y está cómodo reptando,
el cielo queda lejos para girar su cuello.
Dejaste de contar los días,
no hace falta memoria,
tan sólo espejos que repitan.
No tendrá luz el túnel de murmullos,
candiles de la pena,
desazón que corona gestos de humanidad;
hay quien se irrita al verte, "si no se tiene en pie".
Para hacer daño hay cola.
—Déjalo ya, Marta.
—La Luna no se sienta.

Yo soy el hombre en singular
y, antes, nadie quedó solo fuera de la tierra,
no fue una orden, ¿quién se atrevería?
Iba a ser mi relevo en la Estación Tripulada Permanente,
le decían culebra de lo que se arrastraba
—Era nieto del sastre de la momia de Lenin:
cada mes después de tomarle las medidas
cambian el traje de la momia, no vaya a ser que
crezca.
Me aguantó la mirada cerrando la escotilla:
¿en qué piensa el cobarde?
—Me he salvado.
¿De qué?
De vivir para siempre.
Decidí mantener la Estación,
os leí tanto,
navegamos por tardes amarillas de invierno
para merendar guiso de traidores
y brindis con hogueras en la isla.
Soy familia de Jim Hawkins,
Haddock me gruñe.
No busco aplausos necios,
quiero la admiración por los héroes
que desprecian la admiración.

Silo de nieve abrió la noche,
nieve verde al reflejo de tus ojos;
una caricia lenta que desciende
será bastante para herrar mi espalda;
pulsador de gemidos,
mordiendo gominolas:
cubitos de miel firme.

Nunca había llamado al cielo
para darle las gracias.

Sabías, Marta,
que el viejo, jalando un sedal,
aguantaba calambres en el barco,
dejó que el pez le arrancara la piel de las manos,
y el viejo tenía al pez;
sin agua de mar que alivie las tuyas
ya no se volverán a abrir,
los dedos arrugados no protestan.
Marta no quiere rezar
y, sin voz, cuelga el brazo enteco.
Te enfada la inútil melena,
ahora mansa. Sublevarás los rizos;
miras las piernas,
las esbeltas y largas;
las tersas y bruñidas,
sin memoria de cuando eran iguales.
Se olvida de andar sola una rama inconsciente;
espalda que ya no es
ni lisa ni una recta, curva
torpe
busca pared recién doblada y descansar.

Está, mientras, la vida.
En el centro de mando me lo contó Rafael:
"y si sales antes de despegar ya no vuelas".
El deber,
¿qué deber? Seré sincero,
esta bandera no tiene grilletes,
el carácter compró el destino.

Mapa de terciopelo rojo envuelve
esquinas olvidadas de marfil;
no necesita llave,
¿quién buscaría nada en tu baúl?
La pulsera de cuero esconde perlas
que al caer botan torpes.
Hoy llevas mi jersey,
los brazos que te presto me dibujan
abrazando tu espalda,
el cachemir recoge un calor que gastamos
en tardes de flexo y dibujo,
dibujos de sexo atento,
en tardes de naranjas;
sin piel para sentirme,
se alza tierno y cansado el medio labio,
el coraje concede –descreído–
el más hermoso instante a la hembra del delfín
definitivamente rota y coja.

Late la savia débil,
sin pulso en el despacho de la calma.
Incendio avanza, queda poco bosque;
respiras.
El umbral deberá buscarte.
Aplazada, tercer retraso,
con explicación corta esta vez:
"no hay dinero para un rescate"
–imbatible el Ministro de Accidentalidad–.
No estoy solo,
los ingenieros siguen a mi lado;
los conozco bien, son los que se quedan,

capaces de cuadrar el círculo con calcetines,
algo pensarán para el frío en Venus;
al silencio de radio, ni se inmutan,
con ojos hinchados, sonríen,
no va de luto el coro noble;
el vapor se condensa,
puedo aguantar, esta es mi nave;
—a que no eres capaz de quedarte sin postre,
eso me dice el jefe de Misión.
Estoy pensando en Marta.
Nunca le hice la foto con el jersey,
"no salgo bien", decía.
Cierro los brazos y no está
y la veo parar el mundo:
la noche que jugamos con Golfo en la piscina.
Volver con Marta,
y acompañar sus pasos,
los tropiezos serían de juguete;
sobra morfina ardiendo y queda
labio para mover deseo y deseo
piel
para forrar las piernas abrazadas
y sed, queda la sed.

Bajo todos los cielos te contempla la Muerte
hacer mil contorsiones.
No necesito púlpitos ni más tribunas,
seguid atentos a no pisar
la línea
que une las baldosas de calles que pasean
seres que no son más que seres.
Protestáis cuando oís un rezo

y rezáis cuando veis algún motivo
de protesta;
os gusta dejar el volante
a quien afeita vuestro cuello.
Un pescador nacido en Chilches
—un pueblo muy al sur— en 1952,
nunca supo por qué conoció Osaka
desde un barco con bandera de Liberia.
Resignados antes de nacer
—como siembra de robles en asfalto—
nadie toca sin guantes la verdad.

Te lo advertí, Marta Salina,
—Tu esfuerzo será inútil,
no cubriré los espejos;
espejos que hacen bromas en su club.
El chico alto apostó tus piernas
y un brazo condenado;
—Hacía tanto que no cobraba una gacela.
—Tú, joven aspirante a capitán,
de poco te sirvieron las lecturas,
y ya sabes que no hay relevo;
—Podrás elegir una frase
que repitan en las noticias.

Accidentalidad,
¿para qué sirve un héroe vivo?
¿Y dos?
Es un error creer que todo
puede ocurrir en una vida,
siempre ofrezco lo mismo a cada uno:
hembras de sapo mecen cunas vacías.

Tiempo, como en una piscina sucia,
mezclas
los sudores y tachas la patria verdadera:
el cenicero del Seat Panda sabe,
esos gemidos de Kathleen Turner,
la radio en la que oí disparos de febrero,
son himnos que no mienten;
voluntad:
viejos motores que sólo andan con aceite de fluidos

                                     corporales

de sabor vertical salado.
A veces, como polvo de estrellas, atascan
los mecanismos;
remar en el destino y en la arena,
tarea divertida que consiste en dejarlo
en el mismo sitio.

Existe otro lugar, Marta Salina,
el cuaderno de líneas dobles que somos,
treinta y seis hojas limpias que suceden,
guarda entradas y cuerpos,
historias y canciones silbadas muy bajito;
no dejarán de ser paralelas
que atraviesan borrones del azar.
Un lugar
donde los tiburones no pueden con la carne
y el pez más grande visto queda intacto;
sobrecoge la mancha negra,
la botella de ron prende el tesoro.
Cada tarde un viaje a la Luna,
y los ríos, los ríos, peritos amables,
enseñan a contar las piedras quietas

calculando su número,
el mismo que de almendros;
grabar a fuego en el pantano helado:
catedral de madera que salva la belleza;
cesado el jefe de Estación Diluvio
—sin cargadores— los dardos celosos
se arrugan incapaces de cambiar una línea,
ni siquiera: poesía es veneno;
con precisión los críticos se distraen.

Saltarán carcajadas, Marta,
mientras caes de las piernas rotas
o discuto con Argos en la nave.
Serán miles la noche del Castillo.
Respiro confesiones,
palabras tatuadas con saliva,
volver a cabalgar por anchos ríos,
bajar manos y caderas locas.
Con los labios dices que no,
con manos suaves me atas,
Marta es autoridad que lleva
restos de placer húmedos
aún.
Tu obsesión temporal manda,
con más abdominales seguiría
hasta que te cansaras de acariciar
la fuerza que se mueve ya despacio;
son halagos constantes a media voz
que después del partido nos brinda
la teoría perfecta del empate:
jugar siempre contra el mismo rival de amor.
La noche que dormíamos con ropa

enredaba mi pecho tu mano
en su trampa de hilo. Hay un pellizco
que, sin tensar,
deshace el sueño;
otra vuelta y se cierra el lazo.

Esto ocurrió.

II

PLANO CORTO

⚡

El regalo

Mis recuerdos tienen el orden con que un niño
saca tesoros del cajón
y los coloca en fila junto a los que no sabe abrir.

Estabas tú; mirarte a los ojos
verdes
mejor que el verde que no llegaba a serlo del *gin lemon*.

Acaricio la piel de unas cerezas
duras y limpias como recuerdo tu carne,
sin huella de granizo, carne encendida de luz
mineral.

Llevé pulsera de cuero unas semanas,
tanto nadar la desgastó;
un grillete ardiendo habría dejado menos huella.
La baranda por la que asoma la terraza donde me la diste
es de cuero,
las voces que rebotan
entre las mesas para dibujar
en el toldo transparente
son de cuero;
paso cerca y el aire sabe a cuero.
Entre tus piernas, con devoción de abeja,

empapada la cara con polen de ojo de agua;
tú decides el pulso.

King Cross Station

Estas sombras
apenas se perfilan y nutren el relieve,
secan el foco que anima la distancia.
Un par de horas de coche –solos–
nos devuelven a la escalera mecánica de madera,
dulce movimiento constante forrado en roble.
Con la decisión de un nadador de braza,
ni brusco ni seco;
el aire atrevido de tu muñeca
baila otra vez;
jersey azul y la curva del pecho mientras conduces.
Se aburren los detalles de las visitas
que intentaron distraernos,
sobre ello hablamos con las palabras de siempre.
He de volver al andén buscando el tiempo perdido,
lo hago con la herramienta idónea:
mi catalejo,
así
compruebo el paso rítmico
de la escuadra de capas de leña
que prefiero a cualquier pieza de metal que brille;
las sigo mientras crecen los peldaños
y las pierdo.
El 18 de noviembre de 1987

el fuego acabó con la madera
de las escaleras mecánicas de King Cross Station.

Imán de labios

En el meñique del pie izquierdo
comienza tu mirada,
sin uña
—dentro de sesenta generaciones no habrá óvulo con meñique—
tus ojos seguirán derramando verde
por mi mundo;
generosas las cuencas
croman navajas en cera verde,
arde sobre mi piel.

Tiraste el pantalón desde la cumbre.
Hay kilómetros de subida
por curvas que descienden y moldean
la carga positiva del imán;
mis labios que rebotan
contra la pared de tus labios
y no puedo separar las manos de la huella
que dejan las mías
al contener tu estremecimiento.

Tattoo

De un vistazo elegí tipo de letra para tu nombre,
nombre sin curvas, letras de perfil romano.
Un mes antes cerré la cita en el tattoo,
llegaría a tu cumpleaños un poco hinchada la zona
                                        del cuello
–donde marcaron tus labios–
la camisa abrochada para corbata.
Verte inquieta y subida: "si no te lo vas a hacer".

Sólo se pierde una vez a la ruleta rusa;
pagado estaba.

Tacones

Nuestro segundo día preguntaste: ¿tus hijos son tan bajos
                                        como tú?
Con tono divertido además. Nunca te aburriste,
nunca nos aburrimos.
Oír tengo frío con la noche atrás y tender una manta ligera
                        sobre tu cuerpo tibio hilando
el bramante de las piernas.
No dejaste que te llevase el café –me voy.

Empeñada en que fuese conmigo la cena
de tu cuarenta y nueve cumpleaños
llegamos protestando,
yo de la hora,
tú porque los tacones,
escandalosos tacones
que aturdieron el mar de lomo gris,
azúcar seca,
humo de astillas
y espléndidos momentos de guitarra;
no es cierto que las canciones deban terminar,
el vacío se hace insoportable,
tanto como el silencio.

La mesa

Una pequeña mesa de madera
a veces me levanto y no me da.
Bastaría un ligero movimiento:
el mueble que más limpio
siempre tiene cuadernos de escribir
y el mando del televisor y una bolsa de almendras.
No uso brasero eléctrico.

Lola, teckel de pelo duro,
se tumba debajo cuando subo las piernas para leer
o con hielos después de la carrera.
He pensado muchas veces en cambiar de mesa,
lo digo en alta voz.

En la cena de agosto la mesa estuvo bien;
Marta contaba amigos,
–Y no sé qué hago aquí esta noche;
como gota de agua me resisto a caer
empeñado en trepar de nuevo por el camino húmedo
                                    de la curva;
el vino dice lo que piensa el vino
y de un golpe de cejas ata al suelo
la fiera nube;

cruel
como discutir con un moribundo.

Y aquí seguimos la mesa y yo;
los golpes y la paz.

III

LA CAJA

⚡

Fauna

No tenía yo muchos amigos,
bueno, ninguno. Esos años
los llenaron los animales
si quito los libros de Círculo de Lectores.
También me sostenía cierto afán
muy limitado
por cambiar de fortuna.
Fascículo fue una de
las primeras palabras de mi infancia.
Con chinchetas redondas y portadas
fijé al papel pintado
el lobo, la mirada del lobo.
Es aún con lo que veo,
es un ayer que afila
sin guardar para la vuelta.
No hay que avivar cenizas frías.
La palabra se tumba tranquila
en el jardín
antiguo,
anuncia el fin del tiempo;
tú, y detrás la casa noble.
La danza de las motas en la pista de luz
asustadas por la velocidad
del giro sobre sí mismo del cuerpo

sin ojos que mirar cuando la vida
se quiebra con el peso del vacío.

Si el día sale fresco
los animales andan más ligeros.

Tendría que haber guardado alguna portada.

Fisher

Presumía el psiquiatra finlandés
del olivo morado –regalo de Boby Fischer–
que rodea la cerca hecha de gatos y olas
donde duerme la caja por las tardes.

Una caja sencilla:
dentro rebotan vidas de seres tenidos
por sanos o cuerdos.

Fuera,
solos como pata de cigüeña clavada en el cieno,
esperan los adultos que deciden repetir el pasado
sin más defensa que una toalla mojada para secar el guion.

Mi teléfono no ha conocido otro movimiento
que su sombra proyectada en una pequeña mesa de madera.
A las cuatro practico con acento de aspirante;
me prometieron un decreto ley que diría:
las palabras *vertical, salado, azul* e *himno*
sólo podrán oírse de tu voz.
Con la luz de un par de zapatillas
–que discuten si deben seguir los dibujos que se atascan
                        en el cable de fibra del que cuelgan–
decido volver a llamarte,

espero el tono que anuncia imperceptible;
he logrado distinguir al tercer tono si vas a contestar.

Te miro con ojos de puente que asoman al cauce seco
hasta que algo tiñe los vanos
en temblor negro y amarillo
de abeja que me visita las gafas,
la dejo entretenerse
y caminar los párpados;
ahora ando con la siembra de césped artificial para
                                                    mis abejas,
con mechones de sus alas tejeré el meridiano
que determina la longitud de nuestra independencia.

Detalles

De tanto tragar plomo
—un balín se había incrustado en la mandíbula
llenándome la sangre de metal—
conseguí vivir de la ira y conformarme con detalles:
el mar no cierra en invierno,
el placer de una sábana limpia huye al despertar,
el tiempo corre con los cordones desatados.

Alzo puentes que cruzo con fe de ballenero,
atiendo la sugerencia de sentir cierta tristeza
—gusto el tibio amable que da—
y confío en el arpón de plastilina.
Lo quiero todo de ti.
Lo temo todo de ti.

Cuando silbas el recado
el dolor se concentra en las muñecas.
No volveré a la caja;
el orgullo, después de ti, es lo que me sujeta la vida,
un afán virginal como boca de viejo.

Los colores del té

a M.S.

Gracias por explicarte:
con ladrido de perro pequeño
cuidabas los minutos de un dolor
exacto como lápiz afilado.
No entiendo los colores:
todo es y está limpio.

¿Y si fuesen mentira
camisas de mineros,
esquinas de papel,
las puertas de los mares,
el calor de una gota de cera,
el silencio de las prisiones,
los vientos y tu voz,
pizarras condenadas sin borrar?

Instancia de agradecimiento

En el afán por cursar estudios entre los que Cervantes describió como turba gentil he encontrado una serie de personas que me han tratado tal que si la instancia presentada ya hubiese dado lugar al Examen de Estado. Con Loma, A. J. López, Quintero, Mesa Toré e Isabel Romero tengo una deuda y no encuentro dividendos con los que saldarla,
sirva esta instancia de modesto pagaré.
Y con Francisco Javier Torres, por dejar que me asome al papel desde la ventana de EDA Libros; el valor de llevar una vida publicando lo traía de fábrica.
Y con José Manuel Cabra de Luna, por sus palabras, por la palabra.
Y con Rafael Ballesteros, por su generosidad biológica, por su ejemplo de lealtad a la literatura.
Y con Álvaro García, *Il miglior fabro*, Pound vive en Avenida de Príes.
Y con Ella.

⚡

Índice

Esta primera edición

de

Este otro dilema

de

Ignacio Díaz Leiva

se terminó de imprimir

el 29 de abril de 2024

fecha en la que se cumplen 30 años

del

descubrimiento del

gen regulador

del

reloj biológico

●